T0011584

VISTA™

Entender
el orden de los sucesos

Palabras claves para **entender el orden de los sucesos:**

ahora

al final

al mismo tiempo, mientras

antes, luego, durante, después

inmediatamente

por último

primero, segundo, tercero

Los sucesos de una historia o los pasos de un proceso ocurren **en un orden lógico.** Entender el orden de los sucesos te ayuda a entender un texto.

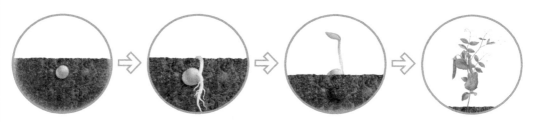

Mis cinco sentidos

Vivo en una gran ciudad. ¡Hay mucho que ver, oír, oler, tocar y saborear!

Cuando paseo por el barrio, uso siempre mis cinco sentidos.

Veo edificios altos, que casi tocan el cielo. Veo las aceras llenas de gente. Algunas personas tienen prisa y otras pasean tranquilamente, mirando los escaparates.

En algunas aceras hay tanta gente que casi no se puede andar. Cuando pasa esto, no puedo ver mucho.

escúter

Antes de cruzar la calle, miramos con cuidado.
Veo bicicletas que pasan muy rápido.

De repente, veo un escúter que se acerca
peligrosamente.

Corremos a la acera para evitar que nos atropellen.
A veces, aunque mires con atención, no lo ves todo.

Veo, veo

Los ojos tienen varias partes que nos ayudan a ver.

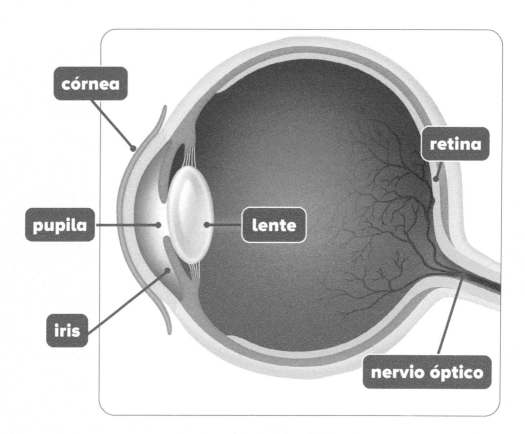

córnea

retina

pupila

lente

iris

nervio óptico

¿Cómo funciona el ojo?

1. Primero, la luz pasa por la parte transparente del ojo, llamada córnea.

2. Después, parte de esta luz entra en el ojo por una abertura llamada pupila. Puede hacer la abertura más grande o más pequeña, para controlar la cantidad de luz que penetra. El iris es la parte del ojo que tiene color alrededor de la pupila.

3. Entonces, la luz pasa a través de una parte transparente llamada lente.

4. Después de eso, la luz llega a una capa de **tejido** llamada retina. La retina convierte la luz en señales.

5. Finalmente, estas señales viajan al cerebro a través del nervio óptico. El cerebro convierte las señales en imágenes.

palomas

Veo a un hombre sentado en un banco del parque.
Tiene una bolsa de papel.

¿Qué está haciendo? Veo que está dando de comer
a las palomas. Eso explica por qué las palomas están
todas a su alrededor.

Casi todo el mundo **ignora** a las palomas. Yo las miro con curiosidad. Me gustan sus plumas grises y moradas, y sus cabecitas redondas.

Escucho el dulce sonido que hacen las palomas.

—rrrru, rrrru, rrrru —dicen.

Oye, oye

Tus oídos están compuestos de tres partes. Reciben sonidos y los envían al cerebro. Estas secciones son el oído externo, el oído medio y el oído interno.

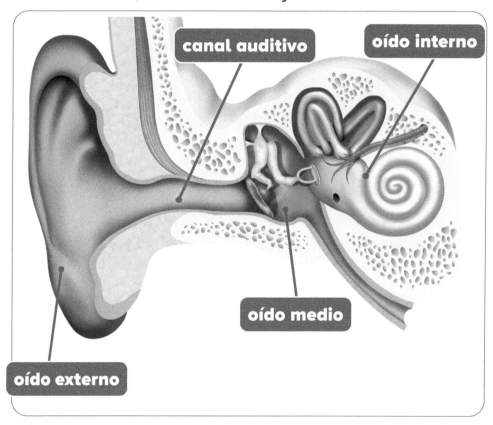

canal auditivo

oído interno

oído medio

oído externo

¿Cómo funciona el oído?

1. El oído externo recibe el sonido y lo envía hacia el canal auditivo.

2. El sonido pasa por el canal auditivo y llega al oído medio.

3. En el oído medio, las **ondas de sonido** se convierten en vibraciones. Estas **vibraciones** pasan por unos huesos muy pequeños en el oído interno.

4. En el oído interno, las vibraciones se convierten en señales. Estas señales viajan al cerebro a través del nervio auditivo.

aroma

Veo un puesto de frutas en la calle, lleno
de manzanas, naranjas y duraznos.

En otro puesto, una señora vende nueces.
Las nueces no son muy coloridas, pero su aroma
es delicioso. El olor de las nueces tostadas
me da hambre.

Me siento feliz cuando mamá me compra
una bolsa de nueces.

Oigo el ruido de un camión de basura al acercarse.
Me tapo la nariz porque la basura huele mal.

Huele esto

Tu nariz percibe olores que flotan en el aire. Los olores pasan por las fosas nasales y entran en la cavidad nasal.

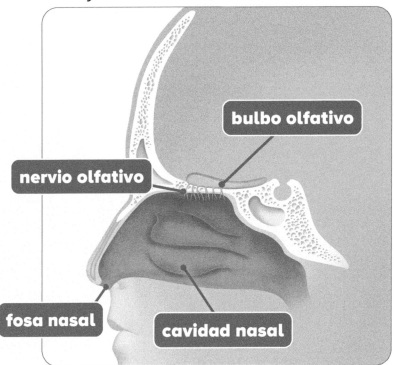

bulbo olfativo

nervio olfativo

fosa nasal

cavidad nasal

Las células en la cavidad nasal convierten los olores en señales que pasan al bulbo olfativo, en la parte posterior de la nariz. El bulbo olfativo envía esta información al cerebro a través del **nervio** olfativo.

Cuando se va el camión con su horrible olor, vuelvo a tener hambre. Pruebo las nueces y me saben, a la misma vez, dulces y saladas.

Le doy un sorbo a mi bebida. La limonada es a la vez dulce y ácida.

Está rico

Tu lengua está llena de pequeños granitos llamados papilas gustativas. Las papilas gustativas te ayudan a detectar diferentes sabores, como salado, dulce, ácido y amargo.

Las papilas gustativas reciben pistas de cómo sabe la comida. Después, los nervios de tu lengua envían mensajes sobre los sabores al cerebro.

Al comer, tu boca crea un líquido llamado **saliva**.

La saliva se mezcla con la comida y ayuda a la lengua a saborear mejor.

SABELOTODO

La lengua no es la única parte que te ayuda a saborear la comida. La nariz también es importante. Si te tapas la nariz mientras comes un trozo de manzana y un trozo de cebolla, verás que ¡es difícil notar la diferencia en los sabores!

taladradora

Después, oigo el estruendo de una taladradora en la calle. Mamá y yo nos tapamos los oídos y nos vamos corriendo.

Hace calor y estoy cansada de correr. **Noto** una gota de sudor que me baja por la frente. Entonces, me doy cuenta de que hay una fuente en el otro lado del parque y nos acercamos. Nos sentamos en el borde de la fuente y me agacho a tocar el agua clara y limpia. Siento el agua fría en mi piel.

Veo un cartel que dice "NO NADAR en la fuente".
Creo que el pato no puede leer carteles. El pato
nada felizmente en el agua refrescante en este
día caluroso.

Prueba de tacto

Tu cuerpo tiene una cantidad diferente de **receptores** del tacto en diferentes partes del cuerpo. Los receptores son células bajo la piel que reciben un **estímulo**, algo fuera del cuerpo como el calor o un pinchazo, y envían un mensaje al cerebro.

Puedes hacer un experimento para ver como afecta el tacto a las diferentes partes del cuerpo.

1. Endereza un clip y forma una U.

2. Pide a un amigo o una amiga que cierre los ojos.

3. Suavemente, pon las puntas del clip en diferentes partes de su piel. Por ejemplo, ponlas en la muñeca, la frente, la mejilla o la parte de atrás del brazo.

estímulo

2

4. Pregunta a tu amigo o amiga cuántas puntas siente en la piel en cada lugar.

receptor

Aunque pongas ambas puntas en la piel, tu amigo o amiga puede que solo sienta una de ellas en algunas partes. Eso es debido a que esa zona tiene menos receptores del tacto.

Este lugar es muy tranquilo. Pongo mi cabeza en
el hombro de mamá y oigo los chorros de la fuente
salpicando a mis espaldas. Cierro los ojos muy despacio.

Abro los ojos rápidamente. No quiero perderme
nada de lo que pasa a mi alrededor. Necesito todos
mis sentidos para vivir la ciudad.

ignorar no poner atención

nervio parte del cuerpo, parecida a un cable, que lleva mensajes al cerebro

notar ver o sentir algo

onda de sonido un tipo de vibración o movimiento rápido que envía señales de sonido al cerebro

receptor célula del cuerpo que reacciona a algo del exterior y manda un mensaje al cerebro

saliva líquido en la boca que te ayuda a saborear la comida

tejido un grupo de células en el cuerpo que trabajan juntas

vibraciones movimientos rápidos que puedes sentir

Photography and Art Credits

All images © by Vista Higher Learning unless otherwise noted.

Cover: VHL

Art: Udovichenko/Shutterstock; Jimena Catalina Gayo/Shutterstock.

© 2024, Vista Higher Learning, Inc.
500 Boylston Street, Suite 620
Boston, MA 02116-3736
www.vistahigherlearning.com
www.loqueleo.com/us

Dirección Creativa: José A. Blanco
Vicedirector Ejecutivo y Gerente General, K–12: Vincent Grosso
Desarrollo Editorial: Salwa Lacayo, Lisset López, Isabel C. Mendoza
Diseño: Radoslav Mateev, Gabriel Noreña, Andrés Vanegas, Manuela Zapata
Coordinación del proyecto: Karys Acosta, Tiffany Kayes
Derechos: Jorgensen Fernandez, Annie Pickert Fuller, Kristine Janssens
Producción: Thomas Casallas, Oscar Díez, Sebastián Díez, Andrés Escobar, Adriana Jaramillo, Daniel Lopera, Daniela Peláez

Mis cinco sentidos
ISBN: 978-1-66992-208-7

Printed in the United States of America

1 2 3 4 5 6 7 8 9 GP 29 28 27 26 25 24